Creer es ver

Una introducción al

Poder de la imaginación

Andrew Wommack

Publicado por Andrew Wommack Ministries, Inc.
Woodland Park, CO 80863

Traducción y edición: Citlalli Macy

Título en inglés: *Believing Is Seeing: An Introduction to The Power of Imagination*
© 2023 por Andrew Wommack

Publicado en asociación entre Andrew Wommack Ministries y Harrison House Publishers

Woodland Park, CO 80863 – Shippensburg, PA 17257

ISBN 13 TP: 978-1-59548-661-5

ISBN 13 eBook: 978-1-6675-0590-9

Distribución mundial, Impreso en Estados Unidos de América

1 2 3 4 5 6 / 26 25 24 23

Contenido

Introducción

¿Te es difícil recibir lo mejor de Dios para tu vida? ¿Te ha llamado el Señor a hacer algo grande, pero no puedes verlo por ti mismo? Si tienes problemas para creer lo que Dios dice de ti, es un problema de tu imaginación. Una de las cosas más importantes que cambió en mi vida después de que el Señor me dijo que lo estaba limitando, fue que comencé a cambiar lo que veía en mi corazón: mi imaginación.

El 31 de enero de 2002, Dios me habló con referencia al Salmo 78:41 acerca de mi manera de pensar en pequeño. Sé que puede parecer simple, pero era un gran obstáculo en mi vida. Desde que el Señor tocó mi vida por primera vez en 1968, supe que estaba llamado a *hacer* algo grande. En muy poco tiempo, empecé a tener el deseo de alcanzar a personas de todo el mundo con el Evangelio y compartir las verdades que Dios me estaba mostrando. Conocía la voluntad de Dios para mi vida, pero eso no era suficiente; también tenía que verme a mí mismo cumpliéndola.

Algunas personas pueden pensar que la imaginación se limita a la fantasía, como imaginarse un ratón que habla o un elefante que vuela. Piensan que es algo que los niños utilizan durante su tiempo de juego y que los adultos, especialmente los cristianos, deben ser más prácticos. Algunos cristianos también pueden pensar que usar la imaginación se reduce al pensamiento positivo.

Ahora bien, admitiré que la definición de *imaginación* puede incluir la fantasía, y en cierto sentido, implica pensamiento positivo; pero no estoy hablando de esas cosas. Estoy hablando de usar tu imaginación para ver que la voluntad de Dios para tu vida se realice.

En este libro de bolsillo, voy a mostrarte, con base en las Escrituras, que en realidad utilizas tu imaginación constantemente. Es imposible no imaginar. Pero debes elegir deliberadamente imaginar las cosas correctas en lugar de las incorrectas.

Tu imaginación ve

Sin visión...el pueblo perecerá; mas el que guarda la ley es *bienaventurado.*

Proverbios 29:18, *Biblia del Jubileo*

La palabra *visión* significa «una imagen mental producida por la imaginación» (traducción libre al español del *American Heritage Dictionary*). Así que, se podría decir: «Donde no hay imaginación, el pueblo perece». La gente está pereciendo por la falta de una imaginación positiva de lo que el Señor tiene reservado para ellos.

Traducido al español la *Amplified Bible* dice: «*Donde no hay visión... la gente no tiene freno*». Y tanto la *Darby Bible* como la *English Standard Version* dicen, «*la gente desecha la restricción*». Es porque cuando las personas no tienen ninguna dirección para sus vidas, ellos no tienen ninguna restricción. Si no sabes a dónde vas, cualquier camino te llevará. Pero cuando tienes un destino en mente, eso limita los caminos que puedes tomar.

Te des cuenta o no, utilizas la imaginación todos los días. Por ejemplo, si vas a una tienda y estacionas tu coche, utilizas tu imaginación para ayudarte a recordar dónde está. Cuando estés listo para salir de la tienda, tendrás una imagen de ese lugar en el que te estacionaste en tu interior. No es algo que veas con tus ojos físicos, pero puedes ver internamente dónde te estacionaste. Recuerdas si tienes que ir a la derecha o a la izquierda. Recuerdas lo lejos que está. Puedes ver con tu mente estas cosas. Eso es tu imaginación.

Así que, la imaginación es la capacidad de ver con la mente lo que no se puede ver con los ojos físicos. Te ayuda a ver lo que no se puede ver (2 Co. 4:18). Crea imágenes en tu mente que te ayudan a recordar, leer y planear. Pero la imaginación solo puede funcionar con la información que tú le das: buena o mala, correcta o incorrecta (Lc. 6:45). Si tú llenas tu imaginación con la basura del mundo de las películas, los programas de televisión, las canciones populares y la Internet, eso es lo que producirá. «Basura adentro, basura afuera», como dice el refrán. Pero si renuevas tu mente a la verdad de la Palabra (sembrando la Palabra de Dios en tu corazón), tu imaginación te ayudará a recibir lo que Dios tiene para ti (Ro. 12:2).

La mayoría de los cristianos no tienen una visión clara de sus vidas. No pueden ver la voluntad de Dios. Pero en vez de buscar al Señor y usar su imaginación, dejan que las circunstancias de la vida los lleven al garete. La mayoría de los cristianos se dejan llevar por el «todopoderoso dinero» al igual que los incrédulos. A veces dejan una buena iglesia y la comunidad de apoyo de amigos y familiares para mudarse al otro lado del país solo por un pequeño aumento en sus ingresos.

Gastan miles de dólares en medicamentos que les ayudan a sobrellevar enfermedades y dolencias. Hipotecan su futuro para comprar barcos y otras cosas que no van a usar y más televisores de los que necesitan. Se conforman con menos de lo mejor de Dios porque solo miran las cosas con sus ojos físicos.

La visión, o las imágenes de las cosas que se producen en tu imaginación, te da esperanza para el futuro. Sin ella, nunca cumplirás el plan de Dios para tu vida. Las circunstancias te desviarán, las dificultades te robarán *lo que es tuyo* y renunciarás. En los más de cincuenta años desde que Dios nos llamó a Jamie y a mí al ministerio, ha habido muchas oportunidades para renunciar.

Batallábamos, en parte, porque lo que veíamos con nuestros ojos no coincidía con la imagen que teníamos en nuestro interior. Yo sabía en mi corazón, poco después de que el Señor tocara mi vida en 1968, que tendríamos un ministerio mundial. Pero no lo estaba experimentando en mi vida, y mi imaginación no era tan fuerte como debería. Simplemente no podía verme realizándolo. Hay varias razones para ello, pero una vez que le quité los límites de Dios y realmente empecé a ver la manifestación de las cosas que Él había planeado para este ministerio, fue entonces cuando éste despegó.

¿A dónde van tus pensamientos?

> *Tú guardarás en completa paz a* aquel cuyo *pensamiento* [mente] en ti *persevera, porque en ti ha confiado.*
>
> Isaías 26:3

La palabra que se tradujo «pensamiento» (sinónimo de mente), en este versículo, es la palabra hebrea, *yetser.*[1] Esta cita bíblica claramente vincula nuestra paz a mantener nuestra mente fija y confiada en Dios. Esto revela que nuestras emociones siguen a nuestros pensamientos. Este es un punto importante que los psicólogos pasan por alto. Ellos dicen que las emociones son el resultado de las circunstancias. Si así fuera, entonces todos los que han experimentado las mismas circunstancias negativas tendrían las mismas emociones negativas. Pero eso no es cierto.

Esta misma palabra hebrea se traduce también como *imaginación* cinco veces diferentes en la versión en inglés *King James*, incluso en Génesis 6:5:

> *Y vio Dios que la maldad del hombre* era *mucha en la tierra, y* que *todo designio de los pensamientos* [imaginaciones] *del corazón de él era de continuo solamente el mal.*

La verdad es que tu vida va en la dirección de tus pensamientos dominantes. No puedes ir a ningún lugar con tu cuerpo físico en el que no hayas estado ya en tu mente. ¡Esa es una gran afirmación!

De hecho, tú puedes crear una profecía que se cumple por sí misma con tu imaginación. Podrías empezar a sentir síntomas de enfermedad y luego pensar en cuál podría ser el peor de los casos. Hasta podrías llegar al punto de empezar a planificar mentalmente tu funeral, solo porque sentiste una punzada de dolor, todo porque le das rienda suelta a tu imaginación, ¡y tus emociones la siguen!

Una vez, los miembros de mi junta directiva me enviaron al médico para hacerme una prueba de Eco-estrés de ejercicio como requisito de una solicitud de póliza de seguro. Cuando el médico empezó a prepararme para la cinta de correr, su enfermera me preguntó si podían rasurarme el vello del pecho para que los electrodos tuvieran donde pegarse. «No pueden rasurarme el pecho», le dije. «Es vello virgen. ¡Nunca me lo han tocado!». Intentaron pegarme esas cosas en el pecho sin rasurármelo, pero a los trece minutos de la prueba empezaron a caerse. Para terminar la prueba, yo tuve que sujetar dos electrodos en su sitio, la enfermera sujetó dos y el médico sujetó otros dos.

Cuando terminé de correr, el médico miró mis resultados. Luego dijo: «hummm...», y empezó a escribir en mi historial. Cuando por fin me miró, me dijo: «Aquí está el nombre de un médico que conozco. Es un especialista. Quiero que vayas con él y te hagas otras pruebas enseguida. Podríamos ingresarte en el hospital para operarte a corazón abierto antes de que termine el día».

La inmensa mayoría de las personas que se viera en esta situación, incluidos muchos cristianos, probablemente empezarían a pensar en la operación, en sus seres queridos, en su funeral, en su testamento y en todo lo que se perderían si murieran de un problema cardíaco. Eso sería utilizar el poder de la imaginación de forma negativa; pero no fue así como yo respondí. (Volveremos a esta historia más adelante).

Cómo concebir un milagro

La definición de *yetser* es «una forma; en sentido figurado, concepción (es decir, propósito)».[1] Creo que tu imaginación es donde concibes las cosas. Y al igual que una mujer tiene que concebir un bebé en su cuerpo físico, tú tienes que concebir tu milagro en tu imaginación. Una cigüeña no trae bebés al mundo, y tú no vas al hospital y recibes un bebé. Tienes que concebir un bebé y luego dar a luz.

Aunque el Señor les reveló a Abraham y Sara que tendrían un hijo (Gn. 18:9–14), la voluntad de Dios no se cumplió automáticamente. Tenía que haber una acción correspondiente para producir un hijo.

> *Sin embargo, respecto a la promesa de Dios, Abraham no titubeó con incredulidad, sino que se fortaleció en fe, dando gloria a Dios, estando plenamente convencido de que lo que Dios había prometido, poderoso era también para cumplirlo.*
>
> Romanos 4:20–21, *Nueva Biblia de las Américas*

> *También por la fe Sara misma recibió fuerza para concebir, aun pasada ya la edad propicia, pues consideró fiel a Aquel que lo había prometido.*
>
> Hebreos 11:11, *Nueva Biblia de las Américas*

Del mismo modo, tú concibes en tu imaginación lo que Dios quiere que hagas. Tu imaginación tiene un poder milagroso para concebir cosas . Es tu vientre espiritual.

> *Pues han nacido de nuevo, no de simiente corruptible sino de incorruptible, por medio de la palabra de Dios que vive y permanece* [para siempre].
>
> 1 Pedro 1:23

La palabra griega para semilla en el versículo anterior es *spora,*[2] que se deriva de la palabra griega *sperma.*[3] Está diciendo que la Palabra de Dios es como una semilla —un esperma— y tiene que ser plantada en tu corazón para concebir: en tu imaginación.

Así que, repito, para que concibas un milagro, tienes que usar tu imaginación. Si es tonto para una mujer solo orar por un hijo, pero nunca tener una relación física con un hombre, es igual de tonto para ti orar por sanidad, pero nunca verte (imaginarte) sanado.

Ve con tus ojos internos

Hace años, oí la historia de la esposa de un pastor que tenía tan mala vista que era legalmente ciega. Tenía que usar lentes muy gruesos para poder ver algo. Aunque ella creía en la predicación de su esposo acerca de la sanidad, ella no había sido capaz de experimentarla en su propia vida. No importaba cuántas personas oraran por ella, nunca veía los resultados que deseaba. La mujer empezó a desesperarse pensando que nunca iba a poder ver sin sus lentes. Un evangelista con el don de sanidad iba a venir a su iglesia, y ella sabía que él iba a querer orar por ella; pero se había decepcionado tantas veces que no quería volver a pasar por lo mismo. Así que lo eludió hasta la última noche de la reunión.

Finalmente, él la acorraló y le preguntó si podía orar por ella. Hizo que se quitara los lentes y luego oró una sencilla oración de fe por su sanidad. Después de la oración le preguntó: «Ahora, ¿puedes ver?». Ella empezó a abrir los ojos, pero él le dijo: «No abras los ojos». Ella estaba confundida. ¿Cómo podía saber si podía ver si no abría los ojos?

Entonces le preguntó por segunda vez si podía ver. Cuando empezó a abrir los ojos, él volvió a decirle que los mantuviera cerrados. Ella obedeció, pero se preguntaba qué estaba haciendo. Tenía que abrir los ojos para poder ver.

La tercera vez le preguntó a esta mujer si podía ver. Cuando ella empezó a abrir los ojos, él le dijo: «No te pregunto si puedes ver con tus ojos físicos. Tienes que verte a ti misma viendo con tu corazón antes de poder ver con tus ojos *físicos*».

Comprendiendo por fin lo que el hombre trataba de decirle, la esposa del pastor mantuvo los ojos cerrados y oró en el Espíritu.

Al cabo de unos minutos, dijo:

—«Puedo verlo». «¡Puedo verme viendo!».

—«Abre los ojos», dijo él.

La esposa del pastor abrió lentamente los ojos. ¡Había recuperado la vista y podía ver!

Si más personas entendiéramos este concepto, obtendríamos resultados diferentes cuando oramos. En cambio, después de orar, inmediatamente abrimos los ojos, revisamos nuestras carteras y palpamos nuestros cuerpos para ver si ha ocurrido algo. Pero los milagros no vienen desde el exterior; vienen desde el interior.

No puedes orar por sanidad mientras planeas tu funeral . Tienes que usar tu imaginación para ver la Palabra obrando en tu vida. No esperes una manifestación física para verificar que las promesas de Dios son ciertas. En cambio, imagínate viviendo con salud, sin dolor ni enfermedad.

En mi situación, cuando el Señor me mostró que lo estaba limitando por mi manera de pensar en pequeño, no me estaba permitiendo soñar y pensar en grande. Ahora bien, yo sabía cuál era la voluntad de Dios, y sabía que Él me había llamado a tener un ministerio mundial. Pero yo no me permitía verlo.

Tuve que cambiar la forma en que me veía a mí mismo y empezar a ver cómo me veía Dios: imaginando un ministerio mundial. De lo contrario, nada de esto habría sucedido. Tienes que estar convencido de que eres quien Dios dice que eres en Su Palabra. Cuando sabes que lo que Dios dice de ti es verdad, entonces puedes ver que reúnes los requisitos para hacer lo que Dios te ha llamado a hacer y ¡ver que tus sueños se convierten en realidad!

Cómo te ve Dios

> *Entonces el ángel del SEÑOR fue y se sentó debajo de la encina que* está *en Ofra, que* pertenecía *a Joás el abiezerita. Su hijo Gedeón estaba desgranando el trigo en el lagar, para* esconderlo

de los madianitas. Y se le apareció el ángel del SEÑOR, y le dijo:

—¡El SEÑOR está *contigo, oh valiente guerrero!*

Jueces 6:11–12

Gedeón se parecía mucho a muchos cristianos; no se sentía capacitado para lo que Dios le llamaba a hacer. Estaba escondiéndose de los madianitas cuando se le apareció un ángel del Señor y le dijo que era un «*valiente guerrero*». Al principio no podía creerlo y el Señor tuvo que confirmárselo tres veces (Jue. 6:17, 36–37, 39).

«*Valiente guerrero*», es una forma peculiar de referirse a un hombre que se escondía de los madianitas. Pero el Señor no ve las cosas como las vemos nosotros. Dios mira el interior, mientras que la gente mira el exterior (1 Sam. 16:7b). En su corazón, Gedeón era un hombre de gran valor. Solo que aún no lo sabía.

Fíjate que el ángel dijo: «*El Señor está contigo*». El Señor había elegido a Gedeón para liberar a los israelitas de las manos de los madianitas. El ángel le dijo a Gedeón que el Señor estaba con *él*, pero Gedeón no podía verlo en sus circunstancias (v. 13):

Entonces Gedeón le respondió: «Ah, señor mío, si el Señor *está con nosotros, ¿por qué nos ha ocurrido todo esto? ¿Y dónde* están *todas Sus maravillas que nuestros padres nos han contado, diciendo: "¿No nos hizo el* Señor *subir de Egipto?". Pero ahora el Señor nos ha abandonado, y nos ha entregado en mano de los madianitas».*

No podemos juzgar la presencia y la bendición personal de Dios sobre nosotros con solo mirar nuestras circunstancias. Tenemos que ver con nuestros corazones antes de que podamos ver la manifestación de la voluntad de Dios con nuestros ojos.

La liberación de los israelitas de los madianitas estaba más allá de la capacidad humana. Gedeón expresaba que no podía hacerlo por sí mismo. Eso es bueno. Todo líder piadoso necesita reconocer que solo el poder de Dios puede lograr sus resultados sobrenaturales. Tenemos que llegar al final de nosotros mismos antes de llegar al principio de Dios.

Es una larga historia, pero el Espíritu de Dios vino sobre Gedeón, y 32 000 hombres de las tribus de Israel se reunieron con él para luchar contra los madianitas y amalecitas. Aunque ya los sobrepasaban en número, Dios redujo su fuerza a 300 hombres. Cuando Gedeón pasó a escondidas al campamento enemigo y oyó a dos hombres hablar de un sueño que profetizaba la victoria de Israel (Jue. 7:13–15), se le disiparon todas las dudas sobre lo que le había dicho el ángel del Señor. Actuó con fe en lo que Dios había dicho y vio la victoria con sus ojos espirituales a pesar de las abrumadoras probabilidades en el ámbito físico.

Gedeón y su ejército realmente no tuvieron que hacer mucho después de eso. No mataron a los madianitas porque los madianitas se mataron a sí mismos. Todo lo que Gedeón y sus hombres hicieron fue tocar trompetas, romper cántaros y gritar. Gedeón logró una de las mayores victorias militares de todos los tiempos con los 300 hombres que le quedaban, aunque empezó sin confianza. Dios veía a Gedeón como un poderoso valiente guerrero, pero no era así como Gedeón se veía a sí mismo. Gedeón necesitó tiempo y experiencias sobrenaturales para cambiar su imagen interior. Del mismo modo, Dios sabe quién eres y cuáles son tus capacidades porque Él te creó. ¿Te verás a ti mismo como Él te ve?

Diseña tu futuro

A finales de los años noventa, cuando el Señor empezó a hablarme de salir en televisión, me emocioné mucho. Empecé a prepararme viendo (imaginándome) el plató de nuestro estudio de televisión. Empecé a dibujar diseños para un estudio, aunque no habíamos fijado una fecha de inicio ni contratado a nadie para que nos ayudara.

Cuando finalmente contratamos a Stephen Bransford para que nos ayudara a lanzar el programa *Gospel Truth (La Verdad del Evangelio)*, él verdaderamente captó la visión que Dios me había mostrado y después de todos estos años, seguimos llevando el Evangelio más lejos y más profundo que nunca. En el momento de este escrito, tenemos el potencial de llegar a más de cinco mil millones de personas en todo el mundo.

Mientras trabajábamos para presentar *La Verdad del Evangelio* en la televisión, el Señor me habló y me dijo que esto era solo el comienzo de mi ministerio. ¡Y esto fue después de haber estado en el ministerio por más de treinta años! Si algo hubiera pasado y yo hubiera muerto, me habría perdido lo que Él me llamó a hacer. Eso fue alentador y desalentador al mismo tiempo.

Fue desalentador porque pasé todos esos años capacitándome en la «escuela de los duros golpes» para el ministerio al que Dios me había llamado. Por otro lado, era alentador porque había visto grandes cosas suceder durante esos años. Así que, si apenas estaba comenzando mi ministerio, ¡eso significaba que solo iba a mejorar!

Cuando empezamos a salir en televisión, el 3 de enero de 2000, llegamos a un punto en que las cosas funcionaban casi sin esfuerzo. Antes, era una lucha. Estábamos al borde del desastre. Parecía que nuestro ministerio podía fracasar en cualquier momento. Entonces, de repente, las cosas empezaron a funcionar.

Había una unción que antes no existía. La gente empezó a responder a nuestro mensaje y a nuestro ministerio. En los dos años siguientes, nuestro ministerio se duplicó. Finalmente, había luz al final del túnel, ¡y no era otro tren! Lo íbamos a conseguir. Íbamos a sobrevivir. De hecho, empezamos a ver cambio en las vidas de las personas. Aunque habíamos tenido problemas todos los años anteriores, no nos rendimos. Habríamos limitado lo que Dios quería hacer en nuestras vidas si lo hubiéramos hecho.

Utilicé mi imaginación para llevar a cabo lo que el Señor me había mostrado sobre salir en televisión y desarrollar la visión de un ministerio mundial. Pero, aunque estábamos experimentando un éxito significativo, todavía no estábamos echando mano de todo lo que Dios tenía para nosotros. Estaba viendo cosas con mi imaginación, pero todavía estaba limitando a Dios a través de mi manera de pensar en pequeño. Eso restringía la visión que el Señor tenía para mi vida y nuestro ministerio.

No fue hasta que el Señor me habló unos dos años después, el 31 de enero de 2002, que empecé a ver exactamente cuánto lo estaba limitando. Él me habló por medio de Salmos 78:41 que dice:

> *Y volvían, y tentaban a Dios, Y ponían límite al Santo de Israel.*
>
> *Reina Valera Antigua*

Estaba limitando a Dios con mi manera de pensar en pequeño. Al ritmo en que estábamos creciendo, no viviría lo suficiente para ver realizada toda la visión que el Señor me había dado. Las cosas tenían que acelerarse y rápido.

No pasó mucho tiempo después de eso y reuní al personal de mi ministerio y compartí con ellos lo que el Señor me había mostrado. Les dije: «No sé cuánto tiempo tardaré en cambiar esta imagen en mi interior, pero voy a cambiar». Como empecé a aprovechar el poder de mi imaginación y a permitirme ver las cosas que el Señor tenía para este ministerio, las cosas empezaron a cambiar mucho más rápido de lo que había previsto.

Vete a ti mismo próspero

> *Y a aquel que es poderoso para hacer todas las cosas mucho más abundantemente de lo que pedimos o pensamos, según el poder que actúa en nosotros.*
>
> Efesios 3:20

Me senté y escribí una carta a nuestros asociados, compartiendo lo que el Señor me había mostrado. Como imprimirlas y enviarlas lleva tiempo, además del tiempo necesario para recibir las respuestas de nuestros asociados, no esperábamos ver un cambio en sus donaciones durante meses. Pero algo empezó a suceder en el ámbito sobrenatural. Me sorprendió lo rápido que cambió mi vida. En dos semanas ocurrieron cosas que me demostraron que no eran obra mía, sino que solo podían atribuirse a Dios.

Poco después de compartirlo con mi personal, la gente empezó a dar y nuestros ingresos aumentaron considerablemente. Eso fue antes incluso de que mi carta llegara a nuestros asociados. Fue antes de que tuviera la oportunidad de compartir ampliamente con el público lo que el Señor me había mostrado.

Durante décadas, habíamos batallado con problemas económicos. Los ingresos de nuestro ministerio fluctuaban, y muchas veces necesitábamos un milagro financiero solo para mantenernos a flote. Después de vivir de esta manera durante mucho tiempo, a mediados de la década de los 90 tomé la decisión de empezar a meditar en lo que la Palabra de Dios dice acerca de las finanzas. Tomé unas cien citas bíblicas sobre la prosperidad y las estudié y medité en ellas durante dos años.

Entonces, no mucho después, vino a nuestro instituto bíblico un ministro que enseñaba sobre la prosperidad y la estaba experimentando. Escuché lo que tenía que decir, esperando aprender algo. Pero lo que descubrí en cambio fue que este ministro estaba enseñando cosas en las que yo ya había estado meditando. Fue como si una bombilla se encendiera dentro de mí, ¡y finalmente pude verlo! No pasó mucho tiempo antes de que la prosperidad empezara a manifestarse en nuestro ministerio.

Hasta que tuve esa revelación sobre la prosperidad, parecía que en nuestras reuniones siempre nos faltaban de 5 a 10 dólares[N.T.] para cubrir los gastos, que eran alrededor de 10 000 dólares en ese tiempo. Yo nunca ministro en ningún lugar por dinero, pero nuestro ministerio había estado limitado porque yo no tenía la imagen de que fuéramos prósperos. Después de que la Palabra de Dios cobró vida en mi espíritu y comencé a vernos prósperos en mi imaginación, inmediatamente las cosas cambiaron. En la siguiente reunión, ¡la ofrenda llegó a casi 25 000 dólares! ¡Fue impresionante!

[N.T.] En este libro de bolsillo, a menos que se indique lo contrario, el autor usa la divisa de dólar estadounidense (USD).

Así que, en 2002, cuando me comprometí a quitarle los límites a Dios y permitirle que obrara por medio de mí y de nuestro ministerio, no debería haber sido una sorpresa que el Señor respondiera financieramente por medio de nuestros asociados. Fue como si hubiera un dique en el ámbito espiritual que había estado bloqueando el flujo *de la bendición* sobrenatural de Dios; y cuando comencé a cambiar la imagen en mi interior, todas esas restricciones que le había puesto a nuestro éxito fueron removidas. Ese poder para la prosperidad comenzó a trabajar en mi interior, y vimos un avance sobrenatural en nuestro ministerio.

Revela una imagen

En los primeros años de este ministerio, cuando pasábamos apuros económicos, me vi en una situación en la que le debía dinero a mi casero. Le dije que no tenía para pagar la renta, pero me dijo que podía trabajar para pagar la deuda. Él era dueño de un estudio de fotografía y estaba a punto de perder su negocio porque había crecido más allá de lo prudente. Algunos empleados habían renunciado, y no podía hacer todo el trabajo él solo. Así que me metí allí y empecé a orar y a poner mi fe en Dios para aprender a revelar fotos, aunque nunca lo había hecho antes.

Gracias a ello, pude prosperar, y este hombre vio la bendición de Dios en mi vida. Aunque empecé sin saber cómo revelar fotos, este hombre, que era un fotógrafo profesional, se dio cuenta de lo bien que me estaba desempeñando después de trabajar poco tiempo en su estudio. De hecho, me ofreció una participación del 50 por ciento en su negocio solo dos meses después de haber empezado. El dueño del estudio hacía retratos, por lo que era importante producir una buena imagen.

Habría sido injusto de mi parte, que por ser yo la persona que revelaba las fotografías, me atribuyera el mérito del trabajo de este hombre. Sin embargo, como le estaba ayudando a producir fotografías de calidad, quiso recompensarme. Como creyentes, estamos llamados a ministrar el Evangelio a los demás y a hacer las obras que Jesús hizo (Jn. 14:12), y prosperaremos en consecuencia (Fil. 4:19). Pero si nos llenamos de orgullo y comenzamos a ensalzarnos a nosotros mismos, esto bloqueará el flujo del poder de Dios.

Cuando dejé Childress, Texas, y me preparé para mudarme a Pritchett, Colorado, el propietario de aquel estudio fotográfico me preguntó si yo podría capacitar a mi sustituto. Así que llegó el nuevo empleado, le compartí todo lo que sabía y dijo: «¿Cómo lo haces?». Se preocupó porque no sabía cómo yo lo hacía todo tan bien. No podía decirle que yo tenía un gran talento natural, así que al final tuve que explicarle.

Le dije: «Oro en lenguas y Dios me dice lo que tengo que hacer, y así es como lo hago». Me dijo: «¡Pero yo no oro en lenguas!». Le dije: «Puedo enseñarte cómo orar en lenguas. Puedo orar contigo para que recibas el bautismo en el Santo». Pero ahí terminó el entrenamiento. Yo no tenía la habilidad de revelar fotografías por mí mismo. El favor de Dios estaba sobre mí, y yo sacaba de mi imaginación lo que necesitaba ver.

Alguien que revela fotos debe tener la habilidad de ver una imagen correctamente con solo mirar un negativo. Aprenden a hacer los ajustes necesarios para conseguir el enfoque y los colores adecuados, y es algo muy subjetivo. A partir de ahí, seleccionan la mejor imagen y comienzan el proceso de imprimirla en papel fotográfico para que el resto del mundo la vea.

Eso es lo que hacemos con la visión de Dios para nuestras vidas. Al principio, solo Él ve Sus planes para nosotros. Luego, a medida que usamos nuestra imaginación, comenzamos a ver Sus planes y llamamientos para nosotros. A medida que echamos mano de nuestra imaginación y cumplimos esos llamamientos, el mundo también empieza a verlo. Si lo hacemos con la actitud correcta, esto traerá gloria a Dios y lo magnificará.

Recuerda la Palabra del Señor

Cuando el Señor me estaba mostrando que debía dejar de limitarlo, nuestro instituto bíblico Charis Bible College estaba en un período de crecimiento significativo. Tanto es así, que estaba sobrepasando la capacidad de las instalaciones de 1356 metros cuadrados en Colorado Springs que albergaba a nuestro ministerio, estudio de televisión y el instituto bíblico.

Durante ese tiempo, mi esposa Jamie se ocupaba de la administración del ministerio y estaba buscando un nuevo edificio. Ella encontró un edificio de 2787 metros cuadrados mientras yo estaba ministrando en el extranjero, así que fuimos a verlo después de mi regreso. Jamie dijo: «¡Esto debería durarnos para siempre!». Pero en mi corazón, yo sabía que no era así. Dios había cambiado mi forma de pensar. Pensé: «Oh, no. Mi visión es mucho más grande que eso».

Ya estaba viendo la imagen para el instituto bíblico Charis Bible College que Dios había puesto en mi interior. Al igual que cuando trabajaba en ese estudio de fotografía, estaba viendo lo que nadie más podía ver y con mi imaginación, lo estaba concibiendo. ¡Y se estaba revelando!

Con el tiempo, acabamos encontrando un edificio de 10 219 metros cuadrados, pero solo una parte podía utilizarse para oficinas. Tuvimos que construir el resto para nuestro ministerio y el instituto bíblico. La remodelación del edificio costó 3.2 millones de dólares, además del precio de compra de 3.25 millones, lo que era un gran paso para nosotros en aquel tiempo.

Después de comprar el edificio, intentamos obtener un préstamo para construcción para la remodelación. Al principio, el prestamista garantizó el préstamo.

Nos dijeron: «No les concederíamos un préstamo para comprar el edificio si no estuviéramos planeando concederles también el préstamo para la construcción». Pero durante nueve meses, esperamos. Y cada vez que preguntábamos a nuestro banquero por el préstamo, seguía diciéndonos que lo tendríamos «la semana que viene». Era una situación difícil y necesitábamos seguir adelante con la remodelación, pero no nos daban el dinero.

Finalmente, el banquero dijo: «Pediremos una nueva evaluación y volveremos a iniciar todo el proceso». Todo lo que podía esperar eran otros nueve meses de retrasos. Algo no iba bien, así que empecé a orar y recordé algunas cosas que el Señor me había dicho dos años antes. Alguien me había profetizado que no necesitaría pedir un préstamo porque ya tenía mi propio banco.

Cuando el Espíritu Santo me trajo eso a la memoria (Jn. 14:26), pensé: ¿Tengo mi propio banco? ¿Dónde está? Entonces recordé el resto de la profecía: ¡mis asociados del ministerio serían mi banco! De un modo u otro, no había relacionado la profecía con el proyecto de construcción.

Al ritmo que iba nuestro ministerio en aquella época, ¡habríamos tardado más de cien años en reunir esa cantidad de dinero! Pero yo solo estaba viendo las cosas a través de mis ojos físicos. Observaba los ingresos de nuestro ministerio en relación con las aparentes necesidades. Todo lo que podía ver era ese gran edificio vacío y a ese banquero diciéndome que teníamos que empezar de nuevo con todo el proceso del préstamo.

Si me hubiera comprometido a renovar ese edificio sin pedir un préstamo, podría haber arruinado nuestro ministerio. Pero Dios vino al rescate, y el Señor me trajo la siguiente profecía a la memoria, diciendo: «Yo no quiero que pidas un préstamo. Yo voy a pagar esto».

Ojos de fe

Él le respondió:

—No tengas miedo, porque más son *los que* están *con nosotros que los que* están *con ellos.*

Entonces Eliseo oró diciendo:

—Te ruego, oh SEÑOR, que abras sus ojos para que vea.

El SEÑOR abrió los ojos del criado, y este miró; y he aquí que el monte estaba *lleno de gente de a caballo y carros de fuego, alrededor de Eliseo.*

2 Reyes 6:16–17

Yo creo que Dios nos creó originalmente con seis sentidos, no con cinco. Antes de su caída, Adán y Eva se comunicaban con Dios por medio de sus espíritus. Cuando Génesis 3:7 dice que sus ojos fueron abiertos, no se refiere a los ojos de su corazón (su alma y su espíritu). Está hablando de su vista física. Ellos habían estado viviendo por fe (2 Co. 5:7). Cuando pecaron, sus ojos espirituales se cerraron, y su vista física comenzó a dominarlos.

Fueron creados con un sexto sentido de fe. Pero una vez que cayeron, sus ojos espirituales se cerraron, y sus ojos físicos se abrieron a la existencia en la que la mayoría de nosotros vivimos ahora. Somos carnales, y nos guiamos por lo que vemos. Pero Dios hizo al hombre para que fuera capaz de percibir las cosas en el ámbito espiritual.

En 2 Reyes 6, hay un caso en el que Eliseo estaba rodeado por el ejército sirio. Su criado exclamó: «*¡Ay,*

Señor mío! ¿qué haremos?» (2 R. 6:15). Eliseo oró y dijo: «T*e ruego, oh SEÑOR, que abras sus ojos* [del joven] *para que vea*» (v. 17). Él no estaba hablando de sus ojos físicos. Sus ojos físicos probablemente ya estaban tan grandes como platillos mirando a todas las tropas enemigas que los rodeaban. Eliseo estaba orando para que los ojos espirituales de su siervo fueran abiertos. De repente, este joven vio con su corazón y percibió a todos los ángeles defensores.

Esto fue lo contrario de lo que ocurrió con Adán y Eva. Sus ojos espirituales se oscurecieron, y comenzaron a ser dominados por su vista física. Pero el siervo de Eliseo hizo que su vista física cediera *su dominio* para que él fuera capaz de ver con su corazón. Esto es lo que tiene que pasarnos a nosotros para que nuestra imaginación pueda funcionar correctamente.

Cuando naces de nuevo, recibes un llamamiento de Dios que va más allá de la capacidad humana. La mayoría de las personas dicen que están tratando de averiguar lo que Dios quiere que hagan, pero por lo general están buscando algo que puedan hacer por sí mismos. Oran: «¡Dios, solo dame una instrucción, y yo me encargo de lo demás!». Esa es una actitud equivocada.

Si estás haciendo algo que puedes lograr por ti mismo, entonces creo que no has encontrado verdaderamente el designio de Dios para tu vida. Dios tiene un plan para ti que es más grande que cualquier cosa que puedas hacer por ti mismo. Se va a requerir Su capacidad sobrenatural obrando por medio de ti para hacerlo.

De joven yo era introvertido. No podía mirar a una persona a la cara y hablarle. Una vez, un hombre que caminaba por la calle me dijo: «Buenos días», y caminó media cuadra por delante de mí antes de que yo pudiera regresarle el saludo con un «Buenos días». Recuerdo que me preguntaba: «¿Qué me pasa?». Pero ahora, a través de nuestro programa de televisión *La Verdad del Evangelio*, Dios me tiene hablando, con el potencial de alcanzar a miles de millones de personas cada día. Estoy haciendo algo que me era imposible hacer por mí mismo porque empecé a ver las cosas de manera diferente con mis ojos espirituales. Me vi a mí mismo mirando a la cámara de televisión y hablando a las personas en sus casas.

Dios es un Dios sobrenatural, y la mayoría de nosotros no atinamos a dar en lo que es Su perfecta voluntad para nuestras vidas. Apuntamos a la nada y atinamos cada vez. Debes ver las cosas de manera diferente. Necesitas que tus ojos sean abiertos y tu entendimiento iluminado para que puedas ver la esperanza de Su llamamiento (Ef. 1:18).

Descubre la sabiduría de Dios

> *Pido que el Dios de nuestro Señor Jesucristo, el Padre de gloria, les dé espíritu de sabiduría y de revelación en el pleno conocimiento de él; habiendo sido iluminados los ojos de su entendimiento para que conozcan cuál es la esperanza a la que los ha llamado, cuáles las riquezas de la gloria de su herencia en los santos.*
>
> Efesios 1:17–18

Remodelar nuestro edificio sin deudas fue una decisión muy relevante. Pero una vez que tuve ese deseo (Sal. 37:4), oré al respecto y luego dejé que la paz de Dios reinara en mi corazón (Col. 3:15). Era muy factible que esa decisión pudiera resultar en un desastre para el futuro de nuestro ministerio, y no teníamos ninguna evidencia que sugiriera que pudiéramos recaudar 3.2 millones de dólares. Sin embargo, yo estaba tranquilo.

Así que decidimos empezar la remodelación sin pedir un préstamo.

Hice que nuestro constructor pusiera cinta adhesiva en el suelo para marcar el lugar donde estaría cada pared, puerta o pasillo, y me pasaba horas cada noche, después de que todos se habían ido, recorriendo ese espacio. En mi imaginación, veía esas paredes y no me permitía pasar por encima de la cinta.

De hecho, puse cubos de cinco galones en el suelo y coloqué una plancha de contrachapado encima para hacer una plataforma. Me ponía encima de esa tarima y predicaba sermones en lo que sería nuestro auditorio. En mi imaginación, me veía ministrando a una sala llena de gente. Sé que algunos de ustedes piensan que soy raro por hacer eso, ¡pero yo creo que tú eres raro si no usas la imaginación que Dios te ha dado! ¡Es donde concibes las cosas!

Catorce meses después, teníamos esos 3.2 millones de dólares, la remodelación del edificio estaba terminada y nos mudamos sin la deuda de un préstamo para la construcción. Fue una de las mejores decisiones que he tomado. Aunque era ilógico, lo hicimos porque tenía paz en mi corazón al respecto. La provisión sobrenatural de Dios llegó para nosotros. Una vez que lo vi en mi corazón, habría tenido que renunciar a Dios para que no sucediera.

Pues mira, no puedes obtener una revelación de algo que todavía no existe. La palabra griega *apokalupsis*, traducida «revelación» en Efesios 1:17, significa «descubrir». Se deriva de la palabra griega que significa «poner al descubierto». Pablo no estaba orando para que el Señor nos diera algo nuevo. Oraba para que recibiéramos una revelación de lo que ya es nuestro. Yo necesitaba sacar los recursos que ya estaban disponibles, y llegaron por medio de nuestros asociados.

Como tenía una relación estrecha con Dios, sabía que debía buscar su sabiduría cuando parecía que no íbamos a poder seguir adelante con las remodelaciones. Él me reveló cosas e iluminó mi entendimiento con esa profecía acerca de que mis asociados eran mi banco. Mediante los santos de Dios, nuestro ministerio tuvo acceso a riquezas que el banco no tenía, ¡y ni siquiera tuvimos que pagar intereses! Amén.

Desarrolla la visión

Pocos años después, habíamos llegado a la máxima capacidad de nuestro edificio nuevo. Mientras conducía todos los días desde mi casa en las montañas hasta nuestras oficinas en Colorado Springs, pasé por delante de una propiedad en particular a las afueras de Woodland Park, que es una comunidad donde la gente vive, pero viaja a otros lugares para trabajar, y está escondida en las montañas cerca de *Pikes Peak*.

Lo que no sabía es que, más o menos en la misma época en que el Señor me hablaba de inaugurar el instituto bíblico Charis (a principios de los años noventa), el hombre que era dueño de esa propiedad en Woodland Park la había dedicado a la educación cristiana justo antes de su muerte. (Visita **awmi.net/sanctuary** para ver la «Historia del Santuario» *en inglés*, que cuenta la milagrosa historia de cómo surgió nuestro campus de Woodland Park).

Compramos la propiedad en 2009, pero yo ya había visto el nuevo campus de Charis Bible College en mi imaginación. Vi ventanas en todo el frente de un edificio para que los estudiantes y visitantes pudieran mirar hacia *Pikes Peak*. Más adelante, conocí a la familia de ese hombre, y me dijeron que el Señor le había revelado una visión similar a su padre justo antes de morir, ¡casi veinte años antes!

En el momento de escribir estas líneas, en nuestras instalaciones hay edificios que construimos y adquirimos por más de 130 millones de dólares por encima de nuestros gastos fijos generales, y todo lo hicimos sin deudas. ¡Alabado sea el Señor!

En 2022, superamos la barrera de los 1000 estudiantes matriculados en nuestro campus de Woodland Park. Pero pronto nos enteramos de que unos 500 estudiantes más habrían venido si hubiéramos tenido disponible alojamiento para estudiantes. Fue entonces cuando el Señor me habló de cómo le estaba limitando de nuevo. Así que compartí con nuestros asociados la visión de construir un campus *con todas sus instalaciones*, que incluyera alojamiento para estudiantes, individual y familiar, un centro recreativo estudiantil, más espacio para aulas, un edificio para la producción de medios de comunicación, un centro de conferencias, un hotel, y mucho más.

¿Puedes ver?, no son ideas mías. Por medio de mi relación con Dios y mi disposición de aprovechar el poder de la imaginación, el Señor puso la visión de todos estos edificios del campus de Charis *en mi corazón*. La visión ya estaba en mi espíritu nacido de nuevo, y por medio de la oración en el Espíritu, fui capaz de sacarlos.

Con anterioridad, cuando estaba contemplando qué hacer con el banco y el préstamo para nuestro antiguo edificio en Colorado Springs, me comprometí a apartar específicamente tiempo con el Señor para orar. En ese tiempo, vivíamos en una propiedad que tenía kilómetros de senderos que yo personalmente había construido. Caminé por uno de ellos y oré en lenguas buscando una interpretación. No había recorrido ni cien metros por ese sendero cuando el Señor me trajo a la memoria la profecía acerca de que mis asociados serían mi banco. (Con los años, he descubierto que Dios me mostrará soluciones o respuestas por medio de la oración en lenguas y la interpretación).

Cuando tú oras en lenguas, es tu espíritu orando. Tu espíritu ha nacido de nuevo, tiene la mente de Cristo (1 Co. 2:16), y sabe exactamente qué hacer. Tiene una unción de Dios para que tú sepas todas las cosas (1 Jn.

2:20), y no hay limitación en tu espíritu. Si pudieras caminar en el poder y revelación de tu espíritu, esto transformaría tu vida física.

Llevar el Evangelio más lejos y más profundo

Una vez que empecé a imaginar los planes de Dios para nuestro ministerio y a ver cosas con mi espíritu, tuvimos un gran avance con la segunda cadena de televisión cristiana más grande de Estados Unidos. Anteriormente, nuestro programa *La Verdad del Evangelio* en inglés, solo llegaba al 3 por ciento de los hogares en Estados Unidos. Yo era amigo de la gente que operaba esta cadena y había aparecido personalmente en su programa numerosas veces. Pero, por alguna razón, no habíamos podido entrar en la cadena.

Entonces un día, no mucho después de que el Señor me mostrara que le estaba limitando, esta pareja se puso en contacto conmigo y me preguntó: «¿Por qué no estás en nuestra cadena?». Resolvieron los detalles que nos habían impedido entrar inicialmente, ¡y nuestro programa estaba en su red solo una semana después! ¡Alabado sea el Señor!

Desde entonces, hemos logrado numerosos avances gracias a la televisión hasta el punto de que, en el momento de escribir estas líneas, tenemos el potencial de llegar a 5000 millones de personas de todo el mundo en diez idiomas. Es decir, ¡más de la mitad de la población mundial! ¡Es increíble! Y no hay indicios de que vayamos a aflojar el paso pronto.

El Señor ha puesto en mi corazón llevar el Evangelio más lejos y más profundo. Eso significa que estamos trabajando para ampliar el alcance de este ministerio y ofrecer más recursos para instruir discípulos en la Palabra de Dios. Solo en nuestro sitio web, awmi.net, ofrecemos más de 200 000 horas de enseñanza gratuita en inglés, y mis enseñanzas más populares en español también están disponibles para ayudarte a fomentar una relación más fuerte con Dios y llegar a conocerlo mejor.

Poco después de que el Señor tocara mi vida el 23 de marzo de 1968, empecé a creer que alcanzaría al mundo con el Evangelio. Pero no sabía cómo iba a llegar de donde estaba a donde Dios quería que estuviera. El

Señor solo me dijo que sembrara la Palabra de Dios en mi corazón, para que pudiera echar raíces. De esa manera, cuando llegara el momento de dar un paso en lo que Él me llamaba a hacer, estaría lo suficientemente estable para manejar la responsabilidad.

En los primeros años de este ministerio, no había evidencia de que fuéramos a alcanzar a personas de todo el mundo. La gente se mantenía alejada de nuestras reuniones por montones y pasábamos apuros económicos. Si el Señor me hubiera mostrado realmente lo que me había llamado a hacer, no habría sido capaz de manejarlo. Pero a medida que ha pasado el tiempo, y he crecido en Su Palabra, Dios me ha mostrado más cosas. Y a medida que he echado mano de mi imaginación, he sido capaz de sacarlas de mi espíritu nacido de nuevo.

¿Te das cuenta?, No puedes poner tus milagros en el microondas. Tiene que haber evidencia del crecimiento antes de que recojas tu cosecha . Jesús enseñó que «*la tierra*» (así mismo, tu corazón) da «*fruto por sí misma*». Pero primero viene «*la hoja, luego la espiga, después el grano maduro en la espiga*» (Mr. 4:28, *La Biblia de las Américas*). Los agricultores pueden ver su cosecha en su imaginación, de lo contrario nunca plantarían. Pero también tienen que ver ese crecimiento incremental en el ámbito físico antes de que llegue el momento de cosechar.

Tal vez Dios ha revelado el llamado para tu vida, y quieres lanzarte de inmediato. Pero, así como yo tuve que verme a mí mismo fundando un instituto bíblico, saliendo en televisión, y luego ver la construcción de un campus libre de deudas, tú tienes que ver los pasos que Dios quiere que des para llegar a donde Él quiere que estés. Y si eres fiel y no te rindes, ¡cumplirás el designio que Dios tiene para ti (Gá. 6:9)!

Empieza a hacer

Más bien, Dios ha elegido lo necio del mundo para avergonzar a los sabios, y lo débil del mundo Dios ha elegido para avergonzar a lo fuerte. Dios ha elegido lo vil del mundo y lo menospreciado; lo que no es, para deshacer lo que es.

1 Corintios 1:27–28

Cuando el Señor empezó a hablarme de inaugurar un instituto bíblico, mi primera reacción fue: «¡No!». Pero hacía mucho tiempo que yo me había comprometido a hacer lo que el Señor me pidiera. Así que decidí que, si iba a fundar un instituto bíblico, iba a ser diferente. Nos centramos en el discipulado y les pedimos a nuestros estudiantes de segundo año el requisito de que realizaran un viaje misionero.

Desde entonces, hemos añadido una serie de programas de tercer año que se centran en el ministerio, los negocios , la adoración, la producción televisiva y cinematográfica, el gobierno práctico, el liderazgo y la capacitación de estudiantes para fundar campus Charis en otras partes del mundo. Quería *estar seguro* de que nuestros graduados compartirían el Evangelio en todo el mundo y marcarían la diferencia.

Un buen amigo mío visitó nuestro campus principal Charis Bible College y quedó muy impresionado. Así que cuando regresó decidió fundar un instituto bíblico en su propia iglesia. Me envió cinco páginas de preguntas inquiriendo cómo lo hacemos todo. La última pregunta era: «Si tuvieras que hacerlo todo de nuevo, ¿qué harías diferente?».

Pensé mucho al respecto. Cuando fundamos nuestro instituto bíblico, lo hicimos con un presupuesto muy reducido porque no teníamos dinero. No tenía a nadie que me ayudara y no sabía lo que estaba haciendo. Pero Dios sabía quién iba a estudiar allí, así que era importante que empezáramos. Teníamos que avanzar y empezar a desarrollar la visión de Dios para Charis por pasos y etapas. Teníamos que caminar antes de poder correr.

Una de nuestras primeras graduadas fue una joven llamada Carrie, que venía del pequeño pueblo de Kit Carson, Colorado. Cuando ella vino a visitar nuestro instituto bíblico en la década de los noventa, fue en ese edificio de 1356 metros cuadrados que parecería diminuto comparado con los 60 386 metros cuadrados en los que Charis está hoy. Cuando Carrie entró por primera vez por las puertas, el Señor le dijo que estaría conectada con este ministerio por el resto de su vida. Se graduó, fue a Rusia como misionera, inauguró un campus de Charis allí, puso mis programas en la televisión en todo el mundo de habla rusa, se casó, formó una familia, y luego, dieciséis años más tarde, regresó a Colorado para servir en el ministerio.

Hoy, Carrie Pickett y su esposo Mike sirven en mi equipo ejecutivo y ayudan a administrar el campus principal de Charis Bible College aquí en Woodland Park, junto con otras cincuenta y dos escuelas en los Estados Unidos y alrededor del mundo. Ahora bien, ¿qué hubiera pasado si me hubiera esperado hasta que todo estuviera perfecto antes de seguir adelante con lo que Dios me llamó a hacer? ¿Qué habría pasado con el llamamiento de Mike y Carrie?

Hemos aprendido mucho desde que Charis empezó, y ahora, hay muchas cosas que hacemos diferente. Pero cuando Dios te llama a hacer algo, tienes que empezar, aunque no todo sea perfecto. Nunca nadie ha reunido los requisitos para trabajar para Dios, y tú no vas a ser el primero. Si esperas hasta que todo en tu vida sea totalmente perfecto, nunca harás nada. Si te sientes necio o débil, entonces eres justo la persona que Dios está buscando . Pero no puedes quedarte así. Tienes que empezar a verte como Dios te ve.

Vete a ti mismo bendecido

Mi padre murió de problemas cardíacos unos años después de haber cumplido cincuenta años. Por eso, la vez que fui a hacerme un chequeo para reunir los requisitos de una póliza de seguro, los médicos me atribuyeron los problemas de mi padre. Te dicen que la genética influye en tu salud y por eso te preguntan por tus antecedentes familiares, pero parece que siempre piensan lo peor. Por ejemplo, nunca toman en cuenta a mi madre, que vivió hasta los noventa y seis años. Seguramente yo tendría las mismas posibilidades de estar tan sano como ella.

Cuando el médico me dio un diagnóstico grave respecto a mi corazón después de la prueba de esfuerzo, ¡me impresionó! No me sentía mal. La única razón por la que fui a ver al médico fue por la póliza de seguro. ¿Cómo podía necesitar una operación a corazón abierto? Mientras estaba allí sentado por un segundo, mirando al médico, empecé a pensar en la imagen de salud y fortaleza que la Palabra de Dios había pintado en mi interior. Y le dije: «Eso es mentira. No lo creo. Mire usted otra vez esa lectura y dígame que dice que tengo un problema de corazón».

Esto revela un gran problema en el cuerpo de Cristo. En la iglesia cantamos: «Cuando todos lleguemos al cielo, ¡qué día de regocijo será!», pero si el médico te da un diagnóstico de enfermedad terminal y te dice que ya vas para allá, ¡te deshaces como una maleta barata! Dejas que tu imaginación acepte el diagnóstico meditando sobre la enfermedad y la muerte. ¡Eso está mal, mal, mal!

Pero yo había pasado mucho tiempo meditando sobre las citas bíblicas sobre la sanidad y leyendo cosas de Moisés cuando subió al monte Nebo el día que murió, ¡y tenía 120 años! No solo eso, *«sus ojos nunca se debilitaron, ni perdió su vigor»* (Dt. 34:7).

Pues bien, el médico me miró (probablemente porque no estaba acostumbrado a que la gente le llamara mentiroso) y me dijo: «Bueno, en realidad no dice que tengas un problema cardíaco. Solo dice que ha habido una anomalía durante las pruebas. Puede que no sea nada, pero podría ser algo grave. Tenemos que hacerte *otras* pruebas». No puso atención en el hecho de que los electrodos se me estaban cayendo del pecho.

«Eso no es lo que me dijiste», dije, enfadándome. «Me dijiste que quizá me tuvieran que operar a corazón abierto antes de que acabara el día. ¡Me mentiste!».

El médico rompió los resultados de las pruebas y dijo: «¡Bien! ¡Arréglatelas por tu cuenta! Fuera de aquí».

Más tarde me hicieron una prueba de esfuerzo nuclear, que era más precisa que la prueba de la cinta rodante, y me dijeron que tenía el corazón de un joven de diecisiete años.

¿Ves?, lo que deberías estar diciendo en una situación como esa es: «Creo que estoy sanado en el nombre de Jesús, y esto va a ser para la gloria de Dios». Ve a la Palabra buscando citas bíblicas de sanidad, y empieza a verte sano de la enfermedad y caminando en salud divina el resto de tu vida. Amén.

Conclusión

Hace años, Dios me mostró una visión de nuestra vida y ministerio. En ella, Jamie y yo estábamos empujando una enorme roca por una colina empinada. Parecía que, si nos deteníamos, aunque fuera un momento para recobrar el aliento y renovar nuestras fuerzas, esa roca nos pasaría rodando por encima. Así había sido el ministerio para nosotros durante décadas. Si hubiéramos aflojado el paso por un momento, nos habría aplastado.

Luego salimos en televisión y nuestro ministerio creció. Nuestros ingresos aumentaron considerablemente y pudimos pagar las facturas. Ya no estábamos batallando. El Señor me mostró que era como si Jamie y yo hubiéramos superado la cresta de la colina y estuviéramos empujando esa roca en una meseta, en terreno llano. Ya no teníamos que preocuparnos por cómo íbamos a lograrlo.

Después de eso, el Señor me mostró que, en algún momento, empezaríamos a ir cuesta abajo. En la visión, la roca aceleraba y apenas podíamos seguirla. Creo que ahí es donde nuestro ministerio está ahora porque he aprovechado el poder de la imaginación.

El Señor me ha mostrado muchas cosas a lo largo de los años, y aunque yo sabía que Él tenía un plan para mi vida, simplemente no podía verme realizándolo. Pero tenemos que empezar a ver las cosas con nuestros ojos espirituales. Tenemos que empezar a cumplir los planes que Dios tiene para el cuerpo de Cristo.

Te diré; el Señor quiere que participes en los sueños y planes que tiene para ti más de lo que tú quieres visualizarlos. Él te ha dado una imaginación para concebir esos sueños y visiones. Y si te permites verlos y eliminas todos los límites, ¡nada será imposible con Dios!

PARA MÁS ESTUDIO

Si te gustó este libro de bolsillo y te gustaría aprender más sobre algunos de los temas que he compartido, te sugiero mis enseñanzas:

- *No limites a Dios*
- *¡Ya lo tienes!*
- *Cómo descubrir, seguir y realizar la voluntad de Dios*
- *¿Quién te dijo que estabas desnudo?*

Puedes comprar estos estudios en sus diferentes formatos en **awmi.net/store.**

Mis enseñanzas más populares están disponibles *gratis* para ver, escuchar o leer en **awmi.net/español**.

Recibe a Jesucristo como tu Salvador

¡Optar por recibir a Jesucristo como tu Señor y Salvador es la decisión más importante que jamás hayas tomado!

La Palabra de Dios promete: «*Si confesares con tu boca que Jesús es el Señor, y creyeres en tu corazón que Dios le levantó de entre los muertos, serás salvo. Porque con el corazón se cree para justicia, pero con la boca se confiesa para salvación*» (Ro. 10:9-10). «*Porque todo aquel que invocare el nombre del Señor, será salvo*» (Ro. 10:13). Por su gracia, Dios ya hizo todo para proveer tu salvación. Tu parte simplemente es creer y recibir.

Ora en voz alta: «Jesús, confieso que Tú eres mi Señor y mi Salvador. Creo en mi corazón que Dios te levantó de entre los muertos. Por fe en Tu Palabra, recibo ahora la salvación. Gracias por salvarme».

En el preciso momento en que le entregaste tu vida a Jesucristo, la verdad de Su Palabra instantáneamente se lleva a cabo en tu espíritu. Ahora que naciste de nuevo, ¡hay un tú completamente nuevo!

Por favor comunícate con nosotros para que nos digas si recibiste a Jesucristo como tu Salvador y para que solicites unos materiales de estudio gratis que te ayudarán a entender más plenamente lo que ha sucedido en tu vida. Llama a nuestra Línea de ayuda al **+1 719-635-1111** (para español: de lunes a viernes, 7:00 a.m. - 3:00 p.m. M.T. Para inglés: de lunes a domingo las veinticuatro horas del día), para que hables con uno de nuestros operadores que están listos para ayudarte a crecer en tu relación con el Señor.

¡Bienvenido a tu nueva vida!

Citas bíblicas tomadas de la Reina-Valera 1960

Recibe el Espíritu Santo

Como Su hijo que eres, tu amoroso Padre Celestial quiere darte el poder sobrenatural que necesitas para vivir esta nueva vida. «*Todo aquel que pide, recibe; y el que busca, halla; y al que llama, se le abrirá... ¿Cuánto más vuestro Padre celestial dará el Espíritu Santo a los que se lo pidan?*» (Lc. 11:10, 13b).

¡Todo lo que tienes que hacer es pedir, creer y recibir!

Haz esta oración: «Padre, reconozco mi necesidad de Tu poder para vivir esta vida nueva. Por favor lléname con Tu Espíritu Santo. Por fe, lo recibo ahora mismo. Gracias por bautizarme. Espíritu Santo, eres bienvenido a mi vida».

Algunas sílabas de un lenguaje que no reconoces surgirán desde tu corazón a tu boca (1 Co. 14:14). Mientras las declaras en voz alta por fe, estás liberando el poder de Dios que está en ti y te estás edificando en el espíritu (1 Co.14:4). Puedes hacer esto cuando quieras y donde quieras.

Realmente no interesa si sentiste algo o no cuando oraste para recibir al Señor y a Su Espíritu. Si creíste en tu corazón que lo recibiste, entonces la Palabra de Dios te asegura que así fue. «*Por tanto, os digo que todo lo que pidiereis orando, creed que lo recibiréis, y os vendrá*» (Mr. 11:24). Dios siempre honra Su Palabra; ¡créelo!

Nos gustaría felicitarte y ayudarte a entender más plenamente lo que acaba de suceder en tu vida.

Por favor, comunícate con nosotros y dinos si hiciste la oración para ser lleno del Espíritu Santo, y para que pidas una copia del libro, *El nuevo tú y el Espíritu Santo.* Este libro explica con más detalle los beneficios de ser lleno del Espíritu Santo y de hablar en lenguas. Llama a nuestra Línea de ayuda al **+1 719-635-1111** (para español: de lunes a viernes, 7:00 a.m. - 3:00 p.m. M.T. Para inglés: de lunes a domingo las veinticuatro horas del día).

Citas bíblicas tomadas de la Reina-Valera 1960

Notas

1. Strong's Definitions, s.v. "יֵצֶר" ("yē□er"), consultado el 2 de agosto de 2023, https://www.blueletterbible.org/lexicon/h3336/kjv/wlc/0-1/.

2. Blue Letter Bible, s.v. "σπορά" ("spora"), consultado el 19 de junio de 2023, https://www.blueletterbible.org/lexicon/g4701/kjv/tr/0-1/.

3. Blue Letter Bible, s.v. "σπέρμα" ("sperma"), consultado el 19 de junio de 2023, https://www.blueletterbible.org/lexicon/g4690/kjv/tr/0-1/.

Llama para pedir oración

Si necesitas oración por cualquier motivo y quieres hablar con uno de nuestros operadores en español, puedes llamar a nuestra Línea de ayuda al **+1 719-635-1111**, (para español: de lunes a viernes, 7:00 a.m. - 3:00 p.m. M.T. Para inglés: de lunes a domingo las veinticuatro horas del día). Un ministro capacitado recibirá tu llamada y orará contigo. Si nos llamas fuera de los EE. UU., comunícate con nosotros por WhatsApp siguiendo este enlace: wa.link/AWMMexico.

Cada día, recibimos testimonios de sanidades y otros milagros por medio de nuestra Línea de ayuda, y estamos compartiendo las noticias que son casi demasiado buenas para ser verdaderas del Evangelio con más personas que nunca. Por lo tanto, ¡te invito a que llames hoy!

El autor

La vida de Andrew Wommack cambió para siempre en el momento que él se encontró con el amor sobrenatural de Dios el 23 de marzo de 1968. Como autor y maestro de renombre de la Biblia, Andrew ha asumido la misión de cambiar la manera como el mundo percibe a Dios.

La visión de Andrew es llevar el Evangelio tan lejos y tan profundo como sea posible. Su mensaje llega lejos por medio de su programa de televisión *Gospel Truth* (*La Verdad del Evangelio*), que está disponible para casi la mitad de la población mundial. El mensaje penetra profundamente por medio del discipulado en el instituto Bíblico, Charis Bible College, con su sede en Woodland Park, Colorado. Establecido en 1994, Charis tiene planteles en varios lugares de los Estados Unidos y por todo el mundo.

Andrew también cuenta con una extensa biblioteca de materiales para la enseñanza en formatos impresos, de audio y de video. Más de 200 000 mil horas de enseñanzas gratis en inglés, están disponibles en su sitio web **awmi.net**. Para alcanzar a la gente que habla español, y llevarlos a un conocimiento más profundo de la Palabra, su sitio web **awmi.net/español** ofrece gratuitamente videos y artículos de sus enseñanzas más populares.

Información de contacto

Andrew Wommack Ministries, Inc.
PO Box 3333
Colorado Springs, CO 80934-3333
Correo electrónico: **info@awmi.net**

Charis Bible College
Para obtener más información sobre los cursos en inglés que Charis ofrece:
info@charisbiblecollege.org
+1 844-360-9577
CharisBibleCollege.org

Línea de ayuda: **+1 719-635-1111**
(Para español: de lunes a viernes 7:00 a.m. – 3:00 p.m. MT. Para inglés: de lunes a domingo las veinticuatro horas del día).

Página en español: **awmi.net/español**
Página en inglés: **awmi.net**

Para ver la lista de todas nuestras oficinas, visita: **awmi.net/contact-us**.

Conéctate con nosotros en las redes sociales.

Made in the USA
Monee, IL
10 September 2026

62770139R00039